# 朝阳区劲松第四小学

陈金荣校长

朝阳区劲松第四小学建于1983年，学校环境优美，教育教学设施齐备。现有3个校区，50个教学班，1456名学生，131名教职员工，其中市区级骨干教师21人，全国五一劳动奖章获得者1人。

学校以“促进学生个性健康发展”为办学理念，以“办规范加特色的学校，做专业加创新的教师，育全面加特长的学生，努力使学校成为一所教育教学质量过硬，文化氛围浓厚的品牌学校”为办学目标；以“做最好的我”为校训，开展“五我”特色教育，引导学生“做文明的我，做智慧的我，做健康的我，做尚美的我，做国际的我”；以艺术教育为品牌，用舞蹈团和管乐团两个北京市 “学生金帆艺术团”带动学校特色社团建设，为学生提供适合的成长环境，促进学生全面发展，学有特长。

金帆舞蹈团表演

金帆管乐团专场演出

科技节学生竞赛展示

# 朝阳区南湖东园小学

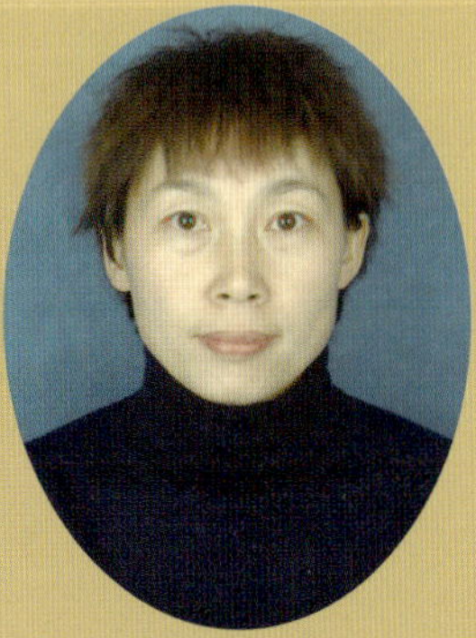

高俊梅校长

朝阳区南湖东园小学创办于 1950 年。经过半个多世纪的发展，学校初步形成以“融”为核心价值观的文化体系，办学理念是“融东西智慧，绘圆满人生”，培养目标是“将学生培养成拥有阳光心态，悦纳情怀，创新进取的阳光少年”。为此，东园人充分运用“融文化”的智慧，以“养正、融通”的理念，按照学生成长的规律，建立由低到高的学生目标体系，由浅入深、由表及里，对学生实施养成教育；改进教学结构，增大课堂容量，探索“导学融智”的教学模式，以常态课教学模式的构建，培养“融智”教师，引导教师在科学处理本学科知识点的基础上，打破学科、年级界限，为学生创设能接触多角度知识的课堂，在学生面前树立博学多闻、融会贯通的教师形象。学校力争将文化融入工作的各领域，让学生在校园中体验成功、喷发激情、激发潜力、创造快乐。2012 年，学校被朝阳区教委评为“十二五”期间第一批素质教育示范校。

管乐队参加朝阳区第十六届艺术节比赛

舞蹈《简爱》参加朝阳区第十六届艺术节比赛

足球队员与国际明星留影

第四届科技节活动

# 海淀区中关村第一小学

海淀区中关村第一小学地处北京市中关村自主创新高科技园区，创建于1949年。目前，学校形成一校三址的办学格局，共有120个教学班，学生4000余名，教职员工310名。多年来，学校以“立足北京，辐射全国，走向世界”为总目标，在“自主发展，主动适应，自我超越”的办学理念指引下，走出了一条内涵发展之路。学校通过以“自主教育”为主要特色的基础教育创新实践，先后获得市级以上奖励二十余项和“全国未成年人思想道德建设先进单位”等荣誉称号，并成为教育部“影子校长”培训基地。

刘畅校长

获北京市国戏杯大赛一等奖

丰富多彩的“菜单式”自主选择课程

# 海淀区中关村第二小学

杨刚校长

海淀区中关村二小于1971年建校，由最初的一个校址，发展到后来的七个校区，再到如今形成“一校三址”的办学格局。在各级领导的亲切关怀和社会各界的大力支持下，二小人深入落实“以人为本”的办学理念，精心培育“家园式”的学校文化，努力彰显“儒雅教育”的办学特色，积极实践“师生双赢”的办学目标，使学校形成了鲜明的文化风格和办学特色。学校先后获得“联合国教育促进可持续发展创新奖”“联合国教科文组织中国可持续发展教育项目国家实验学校”“全国信息技术教学应用示范校”“全国第五届和谐校园先进校”“北京市基础教育课程改革实验先进单位”“北京市金鹏科技奖”“北京市市民满意度最高学校”“北京市最具影响力的品牌学校”等一系列荣誉。

学生课间操展示活动

北京市金帆交响乐团
新春音乐汇演

# 海淀区中关村第三小学

中关村三小地处中关村核心地区，集三十年发展所孕育的学校特质，在弘扬优秀传统的基础上，构建学校未来的发展定位——让我们的学校成为一个拥有“北京气质、世界品位、大家风范”的学习场所。

学校以学生发展为本，凭借其独特的课程设置，浓郁的艺术、科学氛围，充满童趣的校园文化，深受各界盛赞。维和展室、国防展室、民族展室，成为学生自我教育的基地。管乐排练厅、舞蹈厅和陶艺、书法、围棋、电脑美术、网络等四十余间专用教室，为学生提供了个性发展的空间。管乐团、弦乐团、行进管乐团、民乐团、合唱团、舞蹈团、艺术体操队组成的金帆艺术团，多次在国内外比赛中获得大奖。

刘可钦校长

首届小学教育国际会议

学校语文教学多年坚持读写结合研究，提高课堂实效

人人参与的教育考察实践活动，让老师们开阔教育视野，感悟教育真谛

2012年以中关村三小为龙头召开全国课改联盟大会

# 中国人民大学附属小学

美丽中国之美丽教育，美丽教育之七彩教育。创建于1954年的中国人民大学附属小学，独特的彩虹校门为孩子们编织了七彩的梦想，成就了在“创造适合于儿童发展的教育环境”办学理念中孕育的七彩教育，打造了七彩德育、七彩课程、七彩社团、七彩评价、七彩节日、七彩环境、七彩工作中心、七彩管理制度、七彩教师培训等素质教育办学特色，铸就了“爱校、阳光、厚德、坚韧、创新、包容、凝聚”的七彩附小精神，创造出多元的校园文化。可爱的、了不起的、有特质的附小师生在宽松和谐的阳光校园中健康、快乐、自信、幸福地成长。

郑瑞芳校长

赴美参加世界头脑奥林匹克大赛并获亚军

附小吉尼斯榜

学生享受课堂的快乐

# 北京大学附属小学

尹超校长

北京大学附属小学始建于1906年，校园内苍松翠柏，花木繁茂。著名文学家、教育家冰心的亲笔题词“专心地学习，痛快地游玩”已成为学生们的座右铭；“快乐、进取、儒雅、大气”彰显了学校的校风；国学大师季羡林先生亲笔题写的“放飞理想”道出了附小办学的美好愿景；“建设和谐校园，促进人的全面发展”已成为学校的办学特色；“走向世界，创办世界一流学校”是我们的办学目标。

学校秉承了北京大学爱国、进步、民主、科学的传统精神和勤奋、严谨、求实、创新的良好学风，力求通过民主和谐的学校管理、自主探究的课堂教学、丰富多彩的课余活动、以美育人的校园环境，创设宽松充实的学校生活，最大限度地开发学生的资质和潜能，使之具有良好的品德和个性，身心健康、快乐地学习和生活，为持续发展打好基础。

# 清华大学附属小学

窦桂梅校长

清华大学附属小学，坐落在世界最美的著名高等学府清华大学校内，始建于1915年。从这里走出了诺贝尔物理学奖获得者杨振宁博士，著名物理学家、两弹元勋邓稼先，奥运冠军何姿、劳丽诗等。冯友兰、朱自清、马约翰等著名教授曾先后担任校董或校长。当前学校有特级教师5名，有22名教师被聘为东北师范大学兼职硕士生导师，有博士及研究生学历的教师占教师总数的31%。

学校出台《清华附小“十二五”办学行动纲领》，秉持“为聪慧与高尚的人生奠基”的办学理念，确定了“十个一”培养目标，即“一流好人格、一身好体魄、一生好习惯、一个好兴趣、一种好思维、一手好汉字、一副好口才、一篇好文章、一项好才艺、一门好外语”，并形成一套较为科学的、基于国家课程且高于国家标准的“1 + x课程”体系。

学校正朝着“努力将清华附小塑造成为师生共同的精神家园和成长乐园，一所让人难忘的温暖的学校，一所值得信任的品牌学校，一所受人尊敬的卓越学校”的目标前进。

92岁的杨振宁回母校

“1+x课程”全国高峰论坛

健康大课间

赴伦敦为奥运加油

# 北京师范大学实验小学

北京师范大学实验小学创办于1958年，现有特级教师1人，市级学科带头人及骨干教师4人，各级学科带头人及骨干教师占一线教师总数的30%。

学校以实验为特色，不断进行着改革实验，确立了“乐学会学，健康发展”的办学理念，形成了“以人为本，教育即服务”的管理理念。

吴建民校长

学校近年来先后获得了“北京市教育科研先进学校”“代表北京最高办学水平的十佳小学”“海淀教育先进集体”“海淀区首批素质教育优质校”“海淀区办学理念最为深厚的学校”等荣誉，得到社会和家长的广泛认可。近年来，学校还与新加坡、日本、美国、英国、澳大利亚、香港等国家和地区的学校成为友好学校，国际影响和知名度不断增强。

学生们在阅览室阅读

2011年赴美国明尼苏达州友好学校交流

学校五十周年校庆

学校首届阅读节

# 海淀区五一小学

海淀区五一小学一校三址，现有111个教学班，260余名教职员工，4000余名学生，是海淀区规模较大、综合实力较强，集优良传统和时代特点于一身的现代化公办小学。

以陈姗校长为核心的干部教师，秉承“为学生的幸福人生奠基”的办学理念，与时俱进，积极投身教育改革，通过文化建设和课程改革，着力打造特色学校文化，构建特色课程体系，营造和谐校园环境，推动学校内涵发展，为促进学生全面发展而不懈努力！

陈姗校长

以骨干工作室为核心的优秀教师队伍，以信息化建设为核心的展示宣传平台，以金帆管乐团为核心的“三团两社”，是“五一教育”的一面面旗帜，是学校践行“奠基理念”的一个个亮点，是孩子们感受幸福、获得幸福的精神源泉。

五一小学已经成为一所设施先进、理念前瞻、管理严谨、教风朴实、人民满意的素质教育优质学校，其中蕴含着丰富的文化积淀，蕴含着五一人对理想的不懈追求。

陈姗校长和老师们一起规划学校愿景

学校被评为海淀区课程建设先进校

# 海淀区实验小学

海淀区实验小学建于1965年，原名花园村一小，1990年更为现名。学校目前为一校三址，分别位于海淀区西三环北路、海淀区阜成路和海淀区厂洼街，共有115个教学班，在校学生4500余人，教职员工近300人。学校秉承"求真务实、育人为本、着眼未来"的办学理念，把"守真、从善、修美"作为学校教育核心价值，立足师生人本，追求教育幸福，促进和谐发展，并在实践中不断发展和创新。

学校目前已逐步发展成为"管理科学化、育人优质化、教师专业化、校园数字化、环境人文化、社区一体化"的具有"现代管理理念、现代育人模式、现代设施支持、现代环境特征"的一流现代化小学。

赵璐玫校长

楼道书吧

美丽校园

主题教育活动

墙壁文化

# 海淀区翠微小学

海淀区翠微小学坐落于风景如画的玉渊潭公园东南方向，始建于1956年，至今已走过半个多世纪的历程。先后有8位校长在这里任过职。学校有4个校区，现有学生3600多人，班级96个，市区学科带头人和骨干60多位。

学校以“明德至翠，笃行于微”的文化建设、绿色课堂构建、艺术教育为三大办学特色，立足于“学生健康自我的发展”。“绿的生态、玉的品质、微的细腻、润的内涵”将成为新时期翠微教育高品质的追求。学校先后被评为“北京市中小学艺术教育特色学校”“北京市科研先进单位”“全国文明单位”。

许培军校长

学生金帆民乐团展示

“红领巾心向党”建队活动

名家走进翠微会客厅

校园风貌

# 海淀区民族小学

马万成校长

海淀区民族小学的办学历史可以追溯到1890年，距今已有120多年的历史。建校初期校名为“马甸回民义学”，校址设在马甸清真寺内。民国时期，老舍先生曾亲自为学校撰写过办学申请。1915年后，学校逐渐被改造成了新式小学，更名为“广育小学”，1949年更名为“北京市海淀区马甸小学”，2004年12月更为现名。校园环境优雅，古色古香，雕楼画阁，楹联石刻，洋溢着浓郁的民族文化气息。

学校秉承“和而不同，快乐成长”的办学理念，注重特色发展，倡导学生“学习中华传统文化，蕴底气；知晓少数民族文化，铸和气；了解世界多元文化，成大气”。学校本着对学生个性发展的关注，把校训定义为“做最好的我”，使每一个学生都能有发挥才能的空间，得到个性的发展。

学校先后被评为“全国中小学思想道德建设先进单位”“全国可持续发展示范校”“北京市民族教育基地”“北京市非物质文化遗产传承示范校”“北京市校园网球教育基地”“北京市文明礼仪示范学校”“海淀区教学管理先进校”“艺术教育先进校”“科技教育示范校”“体育先进学校”“跆拳道体育传统项目学校”。

# 海淀区七一小学

海淀区七一小学于1954年建校，原系海军子弟学校。学校地处海军大院内，现有教学班57个，学生2292人，教职员工230人。通过全体教职员工的共同讨论，学校发展战略目标定位于：拥有海洋情怀、国际视野，师生健康成长的幸福校园。学校以“为学生的幸福人生奠基，为教工的幸福人生添彩”为办学理念，以“学会学习，懂得感恩，强健体魄”作为校训，通过全体“七一人”的共同努力，正在逐步形成“包容、开放、创新”的校风，“乐学、严谨、勤奋”的学风，“求真、求新、求实”的教风。学校先后被评为“首批素质教育优质校”“全国平安和谐校园”。

张建芬校长

教学楼

特色走廊

# 海淀区万泉小学

景小霞校长

海淀区万泉小学始建于1950年，经过六十多年的发展，已成为一校两址的学校。全校共有80个教学班，3000多名学生，200多名教职员工，拥有一支优秀的骨干教师队伍。

近年来学校以“营造绿色教育生态，传递教育幸福”为办学理念，以“和谐、竞争、创新”为管理思想，以“做人，做中国人，做现代中国人，做现代世界人”为育人目标，以“文化润校，质量立校，队伍强校，科研兴校，特色亮校”为办学思路，努力办成“开放式、国际化、高品位”的魅力学校。

学校先后被评为“全国青少年科技研究基地”“全国创意大赛十佳创新型学校”“北京市教育科研先进校”“北京市课程改革先进学校”“北京市金帆艺术学校”“北京市小学艺术教学特色学校”“海淀区素质教育优质学校”。

空间技术专家、神舟飞船总设计师戚发轫爷爷为同学们授课

学校舞蹈团在国安剧院表演环保舞剧《羚羚的故事》

学校棒球队获五城市青年棒球联赛冠军

学校金帆民乐团在国家大剧院演出

# 中国农业科学院附属小学

刘芳校长

中国农业科学院附属小学是海淀区小学素质教育优质校，始建于1950年，地处海淀中关村高科技园区，是一所具有光荣传统的学校，1958年被评为“北京市红旗学校”。

在继承60年来积淀的学校精神的基础上，学校创造性地将生物学中“生长”这一名词借用到教育上，将“生长教育”定位为学校的基本办学理念。学校意在营造一个能影响儿童一生的有正确价值导向并且充满爱的环境，充分调动学生主动发展的灵性，让学生的智力、体质、品德等方面正常地“生长”，使他们的潜能得到最大限度的发挥，能够在动态发展的过程中为创造美好幸福的人生打下基础。

近几年，学校先后被评为“北京市语言文字规范化示范校”“北京市科技教育示范校”，学校的管乐团连续多年被评为“北京市金帆管乐团”。

老师们经常探讨如何在课堂中落实“生长教育”，关注每一个学生每一天的健康生长

学校为学生研发了60多种选修课，建成了一座拥有18间特色教室的课程中心

# 海淀区红英小学

海淀区红英小学始建于1960年，原系驻地部队子弟学校，后归属海淀区教委管理。时逢北部信息产业迅猛发展与经济环境飞速变革之际，地处高科技产业园区与城乡建设结合部之间，学校总结多年办学经验，吸纳国内外先进的教育思想，逐步形成红英阳光教育办学理念，努力为孩子一生的发展打好底色，明确“健康、尚学、明理”的阳光少年培养目标。为达成目标，学校构建了有效的“习得教育”培养体系，建设阳光课程体系支持师生发展，开设了丰富的阳光论坛及系列主题实践活动开阔学生视野，健全阳光密码的评价模式和手段，全面支持学生、教师的发展，从而促进学校的发展，打造出有红英特色的阳光校园。

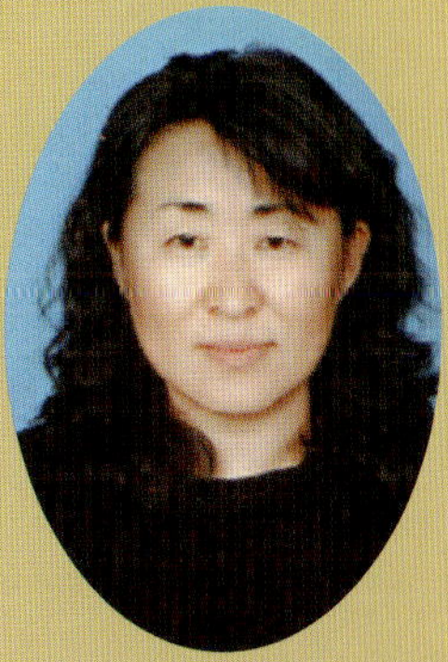

陈淑兰校长

学校综合楼及校训“卓越在于习得”

阳光密码和倒金字塔评价模式

建设丰富的阳光教育课程

开展多维度的阳光教育实践活动

# 海淀区香山小学

司常水校长

海淀区香山小学始建于清朝乾隆年间，其前身是清朝八旗高等学府，至今已有 260 多年的办学历史。学校坐落于著名风景区香山脚下，校园依山而建，校舍古朴典雅。

凭借得天独厚的地理位置、古色古香的校园环境、浓厚的香山文化氛围和悠久的办学历史，在以司常水校长为核心的领导班子的带领下，学校正在寻求“传统文化教育与现代爱心教育”的融合点，大力弘扬书画特色教学与民族体育教学相结合的学校特色发展之路。

学校开展有效的校本教研，借助专家团队力量，为教师搭设专业成长的平台，使教师专业素质得到稳步提升；让学生个个学有所长，全面发展。朗朗诵读声，悠扬琴乐鸣，静雅墨香浓。正如大家所称赞的：香山小学真是个读书的好地方！

开展民族体育项目，创编体育校本教材

海淀区教研室黄毅老师来校指导

# 首都师范大学附属小学

宋继东校长

首都师范大学附属小学创办于1957年，现有教学班42个，学生1600人，教职工108人。学校占地24000平方米，设施齐全，设备先进，资源丰富，为学生全面发展提供了充足的物质保障。

学校以“童心教育”为办学理念，关爱儿童，保护童真，激发童趣，让儿童享受教育的幸福。“童心教育”关注“学生的成长”，追求“人的发展”，使师生置身于真诚、温暖、欢乐的氛围中，让纯真、斑斓、有梦想的童年在这里得到雨露的滋润，让学生成为具有率真性情关爱德行和求索能力的人，进而拥有“充满童心的幸福人生”。

在几年的教育实践中，学校取得了可喜的成绩，曾与美国、英国、加拿大、新加坡、澳大利亚等多国教育专家及师生进行友好交流，并先后获得北京市教学成果一等奖、北京市教育科研成果一等奖等奖项，被评为“北京市课程管理先进学校”“北京市教育科研先进学校”“北京市文明礼仪示范学校”“北京市体育管理先进学校”等。

# 北京石油学院附属小学

肖英校长

北京石油学院附属小学建校于 1957 年，是一所有着五十多年历史的公立小学。目前，学校一校三址，在建设书香校园的总体思路下，各校区依据学生年龄特点，打造各具特色的校园环境。目前全校共有 2000 余名学生，150 余位专职教师，市、区、学区级骨干教师达到教师总数的 50%。

学校在“以生命影响生命，用智慧点燃智慧”办学理念的指引下，以“博爱、求真、尽善、致美”为校训，追求以“爱”为核心的“真善美”的办学境界。学校在教育教学上，锐意进取，大胆创新，一系列科研成果获得市、区课程建设成果奖。50 余个社团，为学生发展开辟了广阔的天地，赢得了学生和家长的喜爱和赞誉。学校曾获得“海淀区素质教育优质学校”等多项荣誉称号。

东校区

南校区